Easy Concertos and Concertinos

for Violin and Piano

F. Küchler

Concertino

in D

Op.15

(1st and 3rd position)

Bosworth

CONCERTINO

im Stil von Antonio Vivaldi (1680-1743)
I. & III. Position

In the style of Antonio Vivaldi / Dans le style d'Antonio Vivaldi

Ferdinand Küchler, Op. 15

CONCERTINO

im Stil von Antonio Vivaldi (1680-1743)

I. & III. Position

In the style of Antonio Vivaldi / Dans le style d'Antonio Vivaldi

Violino

Ferdinand Küchler, Op.15

Antonio Vivaldi (1676 oder 1680 bis 1743)
ist der Schöpfer und hervorragende Meister des italienischen Violinconcertes.

Das vorliegende Concertino hat die Form des italienischen Concertes. Aus dem rhythmisch prägnanten Thema der ersten zwei Takte entwickelt sich eine Gruppe von acht Takten, die mehrmals wiederkehren, und zwar Takt 18 bis 26, 41 bis 48 und 57 bis Schluß. Die Wiederkehr (italienisch: ritornello) dieser Gruppen wird durch Zwischenspiele zum ersten Satz verbunden. Der kurze zweite Satz hat die Form eines „Siciliano", d. i. ein nach ruhigen sizilianischen Tanzliedern gebildetes Stück von sanftem Charakter. Die Takte 13 und 14 des Siciliano leiten über zu dem heiteren Allegro assai. Die ersten 16 Takte dieses Allegro wiederholen sich mehrmals, und zwar Takt 43 bis 58, 75 bis 90, 99 bis 114. Sie werden wie das erste Allegro moderato durch Zwischenspiele zu einem Satz geformt.

Antonio Vivaldi (1676 or 1680 to 1743)
was the creator and distinguished master of the Italian violin concerto.

The present Concertino follows the form of the Italian concerto. From the rhythmically pregnant theme in the first two measures, a group of eight measures is developed, which is constantly repeated, —namely, measures 18 to 26, 41 to 48, and 57 to the end. The returns (Italian: ritornello) of these groups are connected by intermediate passages to form the first movement. The short second movement takes the form of a "Siciliano",—i.e., a piece of serene character based upon quiet Sicilian dancing-songs. Measures 13 and 14 of the Siciliano lead into the joyous Allegro assai. The first sixteen measures of this Allegro are repeated several times,—namely measures 43 to 58, 75 to 90, and 99 to 114. These are connected into a movement by interludal passages as in the first Allegro moderato.

Antonio Vivaldi (1676 ou 1680 à 1743)
est le créateur et le Maître préeminent du Concerto de violon italien.

Le présent Concertino revêt la forme du Concerto italien. Du thème au rythme expressif des deux premières mesures, se développe un groupe de huit mesures revenant plusieurs fois, et cela aux mesures 18 à 26, 41 à 48 et 57 jusqu'à la fin. La répétition de ces groupes (en italien: ritornello) réunis par des Interludes constituent, la première partie. La brève et seconde partie est en forme de «Siciliano», un morceau de caractère paisible, conçu dans le genre tranquille des airs de danse siciliens. Les mesures 13 et 14 du Siciliano conduisent ensuite au joyeux Allegro assai. Les 16 premières mesures de cet Allegro se répètent plusieurs fois, et cela aux mesures 43 à 58, 75 à 90, 99 à 114. Réunies par des Interludes, elles forment une seule partie, tout comme le premier Allegro.

Bosworth

CONCERTINO

im Stil von Antonio Vivaldi (1680-1743)
I. & III. Position

In the style of Antonio Vivaldi / Dans le style d'Antonio Vivaldi

M. = in der Mitte / Middle / au milieu
Sp. = an der Spitze / At the Tip / À la pointe
. . . . . = feste kurze Striche / Detached / Détaché court
_ _ _ _ _ = breite (geschobene) Striche / Broad bowing / Largement détaché

Violino

Ferdinand Küchler, Op.15

Allegro moderato

4

Violino

Printed and bound in Great Britain by
Caligraving Limited Thetford Norfolk

Siciliano. Larghetto

Adagio

attacca subito:

Allegro assai

senza allargando

Printed and bound in Great Britain by
Caligraving Limited Thetford Norfolk

STRING ORCHESTRA   STREICHORCHESTER
ORCHESTRE A CORDES   ORCHESTRA D'ARCHI

The following concertos and concertinos from the list are available with full string orchestral accompaniment:

Nachstehende Konzerte und Concertinos aus unserem Angebot sind mit voller Streichorchester-Begleitung lieferbar:

Les concertos et les concertinos de la liste suivante sont disponibles avec leur accompagnement d'orchestre à cordes:

I seguenti concerti e concertini come da lista sono disponibili con accompagnamento d'orchestra d'archi:

このリストにあるコンチェルトとコンチェルティノスは
すべて完全なストリング・オーケストラの伴奏付きです。

*Kuchler	Opus 12	*Portnoff	Opus 13	Seitz	Opus 15
*Kuchler	Opus 15	Rieding	Opus 34	Seitz	Opus 22
*Millies	(In the style of Mozart)	*Rieding	Opus 35	Ten Have	Opus 30

SELECTED PIECES FROM HANDEL edited by Felix Borowski

AUSGEWÄHLTE STÜCKE VON HÄNDEL herausgegeben von Felix Borowski

PIECES CHOISIES DE HAENDEL éditées par Félix Borowski

SELEZIONI DI PEZZI DI HÄNDEL curate da Felix Borowski

ヘンデル小品集 フェリックス・ボロウスキ 校閲

Bourree   Gavotte   Hornpipe   Largo   Menuet   Musette   Sarabande

*SIX VERY EASY PIECES in the First Position by Edward Elgar

*SECHS SEHR LEICHTE STÜCKE in der Ersten Lage von Edward Elgar

*SIX PIECES TRES FACILES dans la Première Position d'Edward Elgar

*SEI PEZZI MOLTO FACILI in Prima Posizione di Edward Elgar

* やさしい小品 6曲集 ファースト・ポジション エドワード・エルガー 校閲

All these are available with Piano, 1st Violin, 2nd Violin, 3rd Elementary Violin, 4th Violin (in lieu of Viola), Viola, 'Cello and Double Bass.
    * Also with additional parts for woodwind, brass and percussion.

Alle angeführten Werke lieferbar mit Klavier, 1. Violine, 2. Violine, 3. Violine (Obligat), 4. Violine (an Stelle von Viola), Viola, 'Cello und Kontrabaß.
    * auch mit zusätzlichen Stimmen für Holzblasinstrumente, Blechbläser und Schlagzeug.

Tous sont disponibles avec piano, 1er violon, 2ème violon, 3ème violon (élémentaire), 4ème violon (à la place de l'alto), alto, violoncelle et contrebasse.
    * Disponibles aussi avec les parties supplémentaires de bois, cuivres et percussions.

Tutti questi pezzi sono disponibili per pianoforte, primo violino, secondo violino, terzo violino semplice, quarto violino (al posto della viola), viola, violoncello e contrabasso.
    * anche con parti aggiuntive per strumenti a fiato, ottoni e strumenti a percussione.

これらはすべて、ピアノ、第1バイオリン、第2バイオリン、
第3エリメンタリー・バイオリン、第4バイオリン、ビオラ、
チェロ、ダブルベース のパート付きです。

* ウッドウインド、ブラス、パーカッションのパートもあります。

BOSWORTH